Günther Jüngst

Den inneren Schweinehund durchschauen und gewinnen

Anwendung eines Vektoren-Modells

FSC
www.fsc.org
MIX
Papier aus ver-
antwortungsvollen
Quellen
Paper from
responsible sources
FSC® C105338

Bibliografische Information der Deutschen Nationalbibliothek:
Die Deutsche Nationalbibliothek verzeichnet diese Publikation in der Deutschen Nationalbibliografie; detaillierte bibliografische Daten sind im Internet über http://dnb.dnb.de abrufbar.

© 2019 Günther Jüngst

Herstellung und Verlag: BoD – Books on Demand, Norderstedt

ISBN: 978-3-7504-3124-9

Inhaltsverzeichnis

Einleitung

Jedes Jahr wiederholt sich mit trauter Regelmäßigkeit zu Neujahr das gleiche Ritual: Man fasst viele gute Vorsätze und schon kurze Zeit später ist man wieder auf der alten Spur. Der "innere Schweinehund" hat dann mal wieder gesiegt.

Ob es darum geht das Rauchen aufzugeben, regelmäßig zu joggen oder ein Fernstudium anzufangen - ist es nicht erstaunlich, dass wir das eine wollen und doch etwas anderes tun. Wie kommt es, dass wir das klar als erstrebenswert Erkannte schlussendlich nicht durchhalten?

Schnell haben wir dafür einen Schuldigen gefunden: den inneren Saboteur, diesen machtvollen Spielverderber, der heimtückisch und gemein unsere schönsten Pläne und Wünsche vereitelt und dem wir uns hilflos ausgeliefert fühlen. Auf den lässt sich trefflich schimpfen. Und in unserem Zorn finden wir unschöne Bezeichnungen wie "Schwein" oder "Hund", am besten noch beides gleichzeitig.

Ja, wir stellen uns zum Kampf und manchmal siegen wir auch, aber dieser Sieg ist anstrengend und oft nur von kurzer Dauer.

Wäre es nicht schön, wenn das Zugehen auf unsere Lebensziele nicht gar so mühsam wäre, als bewegten wir uns durch Honig ? Wäre es nicht schön, ohne Kraftanstrengung und fast mühelos den Sieg über uns selbst und unsere angeblichen "Schwächen" zu erringen ?

Man sagt, "der Geist ist willig, doch das Fleisch ist schwach". Oft aber scheint es, dass das "Fleisch" viel mächtiger ist als unserer "Geist". Diese Stärke zu nutzen, das wäre was !

Wenn es um das Siegen mit weniger Gewalt und mehr Verstand geht, dann lohnt sich vielleicht ein Blick auf die Kampfkunst Judo. Nicht die Kraft, das Gewicht, die Körpergröße, das Heranstürmen und die Brutalität führen da zum Erfolg, sondern das Geschick, unter den Schwerpunkt des Gegners zu kommen und ihn damit ohne Anstrengung zu Fall zu bringen. So lässt er sich überwinden, ohne ihn völlig vernichten zu müssen.

Ließe sich mit einer vergleichbaren Vorgehensweise etwas gegen den "inneren Schweinehund" unternehmen? Und tun wir diesem armen Wesen nicht Unrecht, wenn wir es so schmähen und als Feind empfinden? Auf beide Fragen scheint mir "ja" die richtige Antwort.

Was habe ich im Folgenden vor?

- Anfangen will ich mit der Beschreibung eines Modells, das jede beliebige Absicht in Beziehung setzt zu vielfältigen bewussten oder unbewussten Faktoren, die wir so in uns tragen und die dieses Vorhaben unterstützen oder ihm entgegenwirken.
- Dann möchte ich dieses Modell verwenden, um den "inneren Schweinehund" durchschaubar zu machen.
- Zudem ist mir wichtig, eine Lanze zu brechen für dieses "Wesen", denn es enthält außerordentlich wichtige Informationen zu dem, was für die Lebenszufriedenheit des Trägers hilfreich wäre.
- Und abschließend will ich aus dem Modell Wege ableiten, den personifizierend als "inneren Schweinehund" bezeichneten Widerstand in Einzelfaktoren zu zerlegen und so bearbeitbar und überwindbar zu machen.

A) Das Vektoren-Modell

In der komplexen inneren und äußeren Lebenswirklichkeit jedes Menschen gibt es eine Vielzahl von Faktoren, die dazu führen, dass jedem unserer Wünsche auch widerstrebende Motive und Kräfte entgegenstehen. Um diese Situation klarer zu fassen, möchte ich hier ein multifaktorielles Vektoren-Modell vorstellen und näher beschreiben. Es handelt sich dabei um ein biopsychosoziales Modell, denn unsere Wünsche und Absichten sind üblicherweise eingebunden in ein teils begünstigendes und teils erschwerendes Netzwerk sowohl körperlicher wie psychischer und sozialer Einflüsse.

(Anders als im spezifischen „biopsychosoziales Modell" betrachte ich dabei keine Wechselwirkungen zwischen den Inhalten.)

Auch "magnetische Vektoren"-Modell wäre als Name zutreffend, denn manche der Faktoren sind in ihrer Stärke und Richtung beeinflussbar durch äußere Gegebenheiten und Folgen, so als würden da magnetische Kräfte wirken.

Ich vergleiche die Situation des Menschen gerne mit einer "Kiste", die gefüllt ist mit einer Vielzahl biopsychosozialer Faktoren bezüglich sämtlicher denkbarer Motive und Strebungen.

Wählt man einen konkreten Wunsch aus, so kann man unterscheiden zwischen Einflüssen, die diesen Wunsch unterstützen und solche, die dem entgegenstehen. Das Ganze ist eingebettet in ein breites Gefüge von Wirkfaktoren anderer Thematik.

Die neben-
stehend in
der "Kiste"
gezeigten
Pfeile mit
verschiede-
nen Rich-
tungen,
Formen

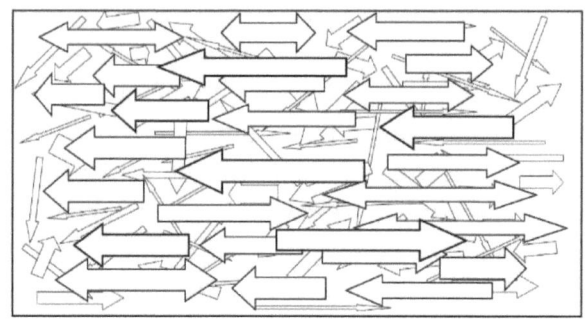

und Stärken sollen "Vektoren" darstellen, hier Kräfte, die
mit einer bestimmten Stärke in eine bestimmte Richtung
wirken. Bedeutsam ist, dass sich entgegengesetzt wirkende
Kräfte und Impulse nicht gegenseitig aufheben, sondern parallel existieren. Die eine konkrete Absicht (beispielsweise
mit dem Zigaretten-Rauchen aufzuhören) fördernden oder
behindernden Kräfte bleiben also nebeneinander bestehen.

Faktoren unterscheiden sich darin, wie weit sie in Stärke
und Richtung beeinflussbar sind. Manche zeigen konstant
und mit gleicher Stärke in eine gleichbleibende Richtung
(z.B. unsere genetischen Anlagen). Andere lassen sich in
der Stärke verändern (z.B. Erfahrung). Und es gibt Beson-
dere, die nicht nur die Stärke, sondern auch die Richtung
ihrer Wirkung rasch ändern können. Zu solchen "Wackelfaktoren" gehören beispielsweise Hoffnung / Hoffnungs-
losigkeit, Achtsamkeit / Unachtsamkeit oder Selbstver-
trauen / Selbstzweifel.

Insbesondere "Wackelfaktoren" zeigen oft eine quasi "magnetische" Charakteristik: Sie können durch äußere Einflüsse in ihrer Richtung bestimmt werden wie Kompassna-
deln, die sich in einem externen Magnetfeld ausrichten.

Wenn sich auch, wie ich sagte, bezüglich eines bestimmten
Wunsches in gegenteilige Richtung weisende Faktoren

gegenseitig nicht aufheben, so kann man doch betrachten, ob über alle entsprechenden Faktoren hinweg mehr Kräfte in die eine oder in die andere Richtung wirken. Es entsteht also ein <u>Summations-Vektor</u>, der mehr in die eine oder andere Richtung weist. Bei Gleichgewicht kann es zur unentschlossenen Ambivalenz kommen.

Dieser Summations-Vektor wechselt möglicherweise (bedingt durch die "Wackelfaktoren") von Moment zu Moment die Richtung, ähnlich wie die Kurve eines Elektrokardiogramms (das ja auch die Darstellung eines Summations-Vektors ist).

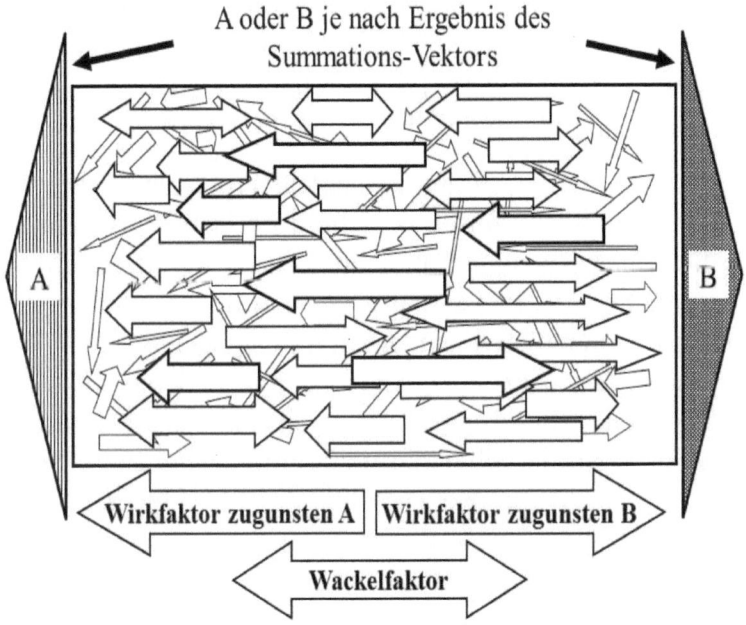

Wirkt der Summations-Vektor hier mehr in Richtung "A", dann resultieren aus der Bewegung des Systems konkrete für "A" typische Folgen. Wirkt umgekehrt der Summations-Vektor mehr in Richtung "B", dann führt diese Bewegung des Systems zu konkreten für "B" typischen Folgen und Ergebnissen.

Diese jeweils spezifischen Folgen "A" beziehungsweise "B" können für das System neutral sein. Sie können aber auch für den Betreffenden sehr anziehend oder unangenehm sein, also quasi magnetisch wirken und damit die Wackelfaktoren zum Umkippen auf die eine oder andere Seite bringen.

Auch andere äußere Faktoren können wie ein Magnet auf das System einwirken. Oft sind das Mitmenschen oder Gruppe, die damit "Wackelfaktoren" in die eine oder andere Richtung umschlagen lassen und so die Handlungsweisen des Betreffenden eventuell stark beeinflussen. Endet diese "Magnetwirkung" (z.b. Partnerschaft oder Gruppenzugehörigkeit), stellt sich der alte Zustand wieder ein.

Bezüglich eines bestimmten Themas repräsentiert der bewusste konkrete Wunsch beziehungsweise die Absicht lediglich einen einzigen Faktor unter den vielfältigen in der persönlichen "Kiste" enthaltenen, von denen manche den Wunsch unterstützen, andere ihm entgegen stehen. Der Wunsch kann sehr stark sein und alle anderen Faktoren überspielen. Allerdings ist dazu eine konstante Kraftanstrengung erforderlich und oftmals ermüdet der Betreffende mit der Zeit. Meist aber ist es so, dass die in gegenteilige Richtung ziehenden Vektoren dazu führen, dass der bewusste Wunsch nicht mit voller Kraft verfolgt werden kann. Wenn sich die Strebungen in die eine und die in die andere Richtung gerade die Waage halten, dann resultiert daraus nicht selten ein sehr quälender Zustand hoher "innerer Reibung", in dem kaum noch Bewegung möglich ist. Das Gehen in die Richtung des bewussten Wunsches wird zumindest mühsam, wenn innerhalb des mentalen Systems widerstrebende Kräfte wirken. Diese Mühe und Anstrengung signalisiert, dass Motivationen "über Kreuz" laufen (Feldenkrais) und ein hoher innerer Widerstand besteht.

So macht dieses Modell widerstrebender Faktoren nachvollziehbar, warum Menschen ihre guten Vorsätze nicht durchhalten. Es lässt sich zudem bei vielen Entscheidungen und Reaktionsweisen auch auf das Schwanken zwischen zwei Alternativen anwenden, beispielsweise bei der Frage Urlaubsziel (ans Meer oder in die Berge), Ausbildung (zu dem oder zu dem Beruf), Arbeitgeber-Wechsel (gehen oder bleiben), Partnerschaft ja/nein, Kinder ja/nein, Rauchen ja/nein, sexuelle Erregung ja/nein, sogar Selbsttötung ja/nein.

Es gibt menschliche Situationen, in denen speziell das Erleben der Unentschlossenheit zwischen den beiden Seiten für den Betreffenden so unangenehm ist, dass er sich lieber falsch entscheidet und bei seiner Entscheidung (beispielsweise Suizid-Absicht) bleibt, nur um nicht mehr in den Zustand der Ambivalenz zu geraten.

Möglicherweise muss jemand (etwa beim Alkoholismus) auch ganz weit in eine (falsche) Richtung gehen, bis die Folgen dieser Entscheidung für ihn so unangenehm werden ("abstoßende Magnetwirkung"), dass er dann doch den Absprung schafft und die Kraft für das Durchhalten der gegenteiligen richtigen Entscheidung findet.

B) "Tiefen-Ich"

Welche Faktoren in seiner persönlichen "Kiste" stecken, wie also sein individuelles "System" aussieht, das ist von Mensch zu Mensch und von Thema zu Thema sehr unterschiedlich. Neben körperlichen Faktoren finden sich dabei auch sehr viele psychische.

Die Gesamtheit alles bewussten und unbewussten mentalen Aspekte, Wirkfaktoren und Strebungen, Prägungen und Konditionierungen, Glaubenssätze, Wertvorstellungen, Erinnerungen, Strategien, Erfahrungen und Kompetenzen, Gefühle, Ängste, Hoffnungen und Sehnsüchte machen den Wesenskern eines Menschen aus. Er ist unverwechselbar und für jedes Individuum einzigartig. Darin sind sämtliche mentale Vektoren in alle Richtungen und zu allen Themen enthalten, egal ob dem Träger bewusst oder unbewusst.

Eine altehrwürdige Methode, komplexe Sachverhalte für den Menschen greifbarer zu machen, besteht darin, ihnen personifizierend eine Gestalt zu geben. So entstand unter anderem die Figur des "Todes" mit Kapuze und Sense, oder neuerdings die Figur des "Schweinehunds". Auch den Wesenskern eines Menschen kann man personifizieren und benennen, beispielsweise als "Tiefen-Ich" (Dietmar Friedmann). Dadurch steht er (wie zum Beispiel auch die Figur des "Todes") als Gesprächs- und Verhandlungspartner zur Verfügung.

Dieses "Tiefen-Ich" umfasst also sämtliche im Vektoren-Modell enthaltenen mentalen Faktoren, gleichgültig zu welchem Thema und in welche Richtung.

Es geht weit über das hinaus, was die Person als "ich" empfindet. Auch wenn viele Inhalte nicht bewusst und eventuell sogar tief verdrängt sind, so sind sie dennoch wirksam. Dort im Tiefen-Ich gibt es ein Wollen, Entscheiden und Tun, das den Bereich des eigenen alltäglichen Bewusstseins weit überschreitet. So geschieht es, dass eine Person etwas Bestimmtes will und doch etwas damit nicht Vereinbares tut, und die Gründe dafür selbst nicht verstehen kann.

Wenn der Träger versucht, eine bewusste Absicht gegen die Kräfte und Entscheidungen seines eigenen Tiefen-Ichs durchzusetzen (also gegen sich selbst), dann ist das zwar möglich, aber trotz besten Willens ist ein Scheitern langfristig sehr wahrscheinlich. Zumindest erfordert es einen konstanten und kräftezehrenden Kampf gegen den eigenen Wesenskern. Und das schmälert das eigene Wohlbefinden und verursacht eine pausenlose Anspannung und Hab-Acht-Haltung.

Beim Verfolgen eines persönlichen bewussten Zieles wäre es also hilfreich, Einvernehmen mit den Interessen und Kräften des eigenen Tiefen-Ichs herzustellen. Die Frage ist dann: Was will einerseits "ich" (bewusstes Ziel) und was will andererseits mein Tiefen-Ich? Dazu ist es erforderlich, sich selbst gut zu kennen und gegebenenfalls besser kennenzulernen.

Unproblematisch sind Situationen, bei denen den eigenen Absichten im Tiefen-Ich nur ein geringer Widerstand entgegen steht. Dann führt man schlicht sein Vorhaben erfolgreich zu Ende und braucht sich um so etwas wie Tiefen-Ich nicht zu scheren.

Anders ist es, wenn eigene neue Ziele stark abweichen von dem, was bisher für die Person gewohnt und "normal" war. Dann zeigen sich oft Schwierigkeiten, sich das neue Verhalten dauerhaft zu eigen zu machen. In solch einer Situation gilt es, die tiefen Strukturen für das neue Vorhaben zu gewinnen, einen Schulterschluss zwischen dem bewussten Ich und dem Tiefen-Ich zu erreichen und zu einer Entscheidung der gesamten Persönlichkeit zu kommen.

Es ist normal, wenn anfänglich das eigene Tiefen-Ich der vom Betreffenden gewünschten Veränderung noch Misstrauen und Sorge entgegenbringt. Das alte Verhalten hat vermutlich lange bestanden, ist zur Gewohnheit geworden. Und solche Gewohnheiten sind zäh. Zudem gibt es mit Sicherheit Faktoren, die das alte Verhalten nahelegen. Es war ja kein Zufall, sondern aus der persönlichen Historie des Betreffenden naheliegend, dass der Mensch genau diese bisherige Verhaltensweise zeigte. Ungeachtet dessen ist Veränderung meist möglich, das eigene Verhalten also dauerhaft in einer gewünschten Richtung beeinflussbar, wenn man behutsam an die Sache herangeht.

Eine solche Beeinflussung geht nur im Respekt vor den Tiefen der eigenen Psyche. Denn dieses Tiefen-Ich ist nicht "ein anderer", der einem den Spaß verdirbt und das Erreichen der Wunschträume sabotiert, sondern das ist man selbst. Letztlich erfordert es also Selbst-Respekt, die vielfältigen individuellen Inhalte des eigenen psychischen Systems zu be-rück-sichtigen (re-spektieren).

Zusammenarbeit und Einverständnis des eigenen Tiefen-Ichs lässt sich nicht erzwingen, auch Befehlen funktioniert nicht. Zudem kann man das Tiefen-Ich nicht hintergehen oder belügen, denn dort ist die Erinnerung auch an all das lokalisiert, was man verdrängt hat und vergessen möchte. Es bleibt also nur der Dialog. Die beiden Positionen entsprechen eher denen zweier verhandelnder Geschäftspartner, allenfalls ist das Verhältnis so wie zwischen einem wohlwollenden Elternteil und einem ängstlichen Kind, das vor einer Veränderung Angst hat und Sicherheit möchte.

Dabei richtet sich das Interesse der tiefen psychischen Strukturen loyal auf das, was - aus Sicht des Tiefen-Ichs! - dem Wohl der Gesamtperson dient. Und das ist vor allem, möglichst nichts zu ändern, was bisher halbwegs gut funktioniert hat. Dazu gehören Strategien, die sich unter früheren Bedingungen als tatsächlich wirksam erwiesen haben gegen die damals aktuellen Probleme und Gefahren. Was sich in der Vergangenheit als unwirksam erwies, wurde ohnehin aufgegeben.

Leider ist die Sicht des Tiefen-Ichs nicht immer richtig. Beispielsweise helfen die für frühere Probleme geeigneten Lösungswege nicht unbedingt für das Bewältigen aktuell neuer Aufgaben. Wenn man dennoch an den alten Strategien festhält, dann kann diese Vorgehensweise selbst zum Problem werden. Situationsgerecht zu handeln erfordert also häufig, alte Wege zu verlassen und das eigene Verhalten zu ändern. Damit hat das Tiefen-Ich oft erhebliche Schwierigkeiten, für die es Hilfen des bewussten Ichs braucht.

Zum Respekt gehört, dem Tiefen-Ich zu erlauben, erst einmal anderer Ansicht zu sein und sich Sorgen um das Wohl des Trägers zu machen. Zudem sollte es nicht mit Unbekanntem überfallen und überrascht werden. Und so muss die Zustimmung des Tiefen-Ichs im Vorfeld einer relevanten Veränderung gesucht werden durch respektvolles Fragen, Klären, Argumentieren und Beruhigen. Was sind denn genau die Bedenken des Tiefen-Ichs, was befürchtet es? Welchen Dienst am Träger hat es bislang verlässlich erfüllt und möchte es weiterhin sichergestellt wissen? Dem Tiefen-Ich ist zuzusichern, es als Partner bei der Suche nach tragfähigen Lösungen wie auch an allen Entscheidungen zu beteiligen. Und dieses Versprechen muss verlässlich einge-halten werden, Partnerschaft gegen Partnerschaft.

Schlussendlich bleibt auszuhandeln, unter welchen Bedin-gungen und Voraussetzungen das Tiefen-Ich versuchsweise zu einer Erprobung neuer Wege bereit wäre. Dazu lassen sich Vereinbarungen treffen, beispielsweise erst einmal für begrenzte Zeit das neue Verhalten einzuführen und bei Be-darf nachzuverhandeln und neu zu entscheiden.

Gibt es für einen solchen Umgang mit dem Tiefen-Ich eine innere oder äußere Begrenzung, die man zur eigenen und fremden Sicherheit besser beachten sollte?

Ich habe da wenig Bedenken. Wo nämlich befindet sich all das, was das Tiefen-Ich ausmacht? Es ist alles im eigenen Kopf und System, nicht draußen! Wer also dürfte Vor-schriften machen und Verbote aussprechen bezüglich des-sen, was man in Bereich des eigenen Wesenskernes unter-nimmt? Wenn ein Externer Veränderungen Widerstände entgegensetzt (möglicherweise aus seiner Sicht legitim), dann ist das bloß ein weiterer sozialer Faktor im Spiel, den es zu berücksichtigen gilt. Natürlich hat eine Veränderung des eigenen Verhaltens Auswirkungen auch auf die äußeren Rahmengegebenheiten, beispielsweise auf die Beziehung zu anderen. Das kann von der Umwelt gefördert und behin-dert, geschätzt und abgelehnt werden. Und auch die eigenen Gefühle, Befürchtungen und Hoffnungen bezüglich der Be-zugspersonen sind zu beachten. Aber insgesamt ist die Frei-heit recht groß, was man mit seinem Leben und seinem Sys-tem macht. Sie ist wohl viel größer, als man sich landläufig vorstellt. Und alles Relevante steckt – wie gesagt - im eige-nen Kopf. Warum sollte man nicht fähig und berechtigt sein zu entscheiden, was man machen möchte? Natürlich gehört zur Freiheit auch, die Verantwortung für das eigene Handeln zu tragen.

Beim Zusammentreffen und Verhandeln mit dem eigenen Tiefen-Ich muss man manchmal mit Überraschung feststellen, dass dieser Diskussionspartner sehr unabhängige und eigene Vorstellungen vertritt und durchaus unfreundlich daherkommen kann. Das hat wohl einerseits seine Ursache darin, dass im Regelfall lange kein ausdrücklicher Kontakt zwischen dem bewussten Ich und den eigenen tiefen psychischen Strukturen bestand und sich andererseits in den tiefen Strukturen starke Emotionen stauten. Eventuell bestand in der Kindheit ein sehr hohes Schmerzerleben oder das Wahrnehmen der resultierenden Wut wäre im jeweiligen Umfeld für das eigene Überleben nicht förderlich gewesen. Dann kann das dazu führen, dass Menschen den Kontakt zum eigenen Innenleben blockieren, um sich zu schützen und das Tagesgeschäft aufrecht erhalten zu können. Tritt bei einer solchen Historie der Betreffende erstmals mit seinem Tiefen-Ich in Beziehung, dann kommt er mit genau diesem Schmerz und der Wut wieder in Kontakt. Da gibt es Parallelen zur Arbeit mit dem "inneren Kind", das ja auch Teil des Tiefen-Ichs ist und dort überlebt hat.

Diese Kontaktaufnahme kann also schmerzhaft sein und alte bisher ungelöste "Hausaufgaben" deutlich machen. Andererseits ist der Betreffende inzwischen wohl erwachsen und hat in diesen Jahren Strategien und Kompetenzen entwickelt, mit eigenen starken Gefühlen konstruktiv umzugehen. Trotzdem sollte man diese Arbeit vielleicht nicht gerade dann angehen, wenn die eigene Kraft durch andere gesundheitliche, psychische oder soziale Belastungen beeinträchtigt ist.

Oft besteht große Angst gegenüber dem, was im eigenen Inneren existieren und sich mit dem eigenen Ich-Ideal und dem positiven Selbstbild nicht vertragen könnte. Natürlich kommt es vor, dass im eigenen System verdeckt bis tief verdrängt unsoziale Strebungen, Egoismus, Aggression, mörderische Wut oder unversöhnlicher Hass bis hin zu Sadismus bestehen. Solche Tendenzen werden manchmal wie ein "innerer Dämon" empfunden und die Betreffenden empfinden unsäglichen Horror davor, dass dieser plötzlich für andere sichtbar werden und unkontrolliert toben könnte. Wer schaut das bei sich schon gerne an. Aber diese Strukturen und Faktoren existieren gegebenenfalls im eigenen Tiefen-Ich auch dann, wenn man sie nicht sehen möchte. Verdeckt und unerkannt fließen solche Tendenzen nur zu leicht in tägliche Entscheidungen, Handlungsweisen und Umgangsformen ein. Man kann bei sich halt nur kontrollieren, was man bei sich sieht.

Wie sollte man mit einem solchen (kleinen bis gewaltigen) Dämon umgehen ? Eine der Empfehlungen ist (insbesondere in manchen religiösen Organisationen), dem eigenen Inneren mit Härte zu begegnen, die "niedere Triebseele" zu beherrschen. Ob aber Wut und Aggression gegen die innere Wut und Aggression wirklich zum Frieden führt ? Wer dem eigenen Inneren nicht traut, wo will der zu Hause sein ? Die „ewige Ruhe" wird wohl im Grab nicht erreicht, wenn sie nicht vorher errungen wurde.

Heil (heil-ig) zu sein bedeutet für mich, den Bruch zwischen innen und außen, zwischen Oberfläche und Tiefe, wieder überbrückt und geschlossen zu haben. Die Spaltung gilt es zu mindern - nicht um dem Dämon das Feld zu überlassen, sondern um das Gleichgewicht und die Kontrolle wieder zu gewinnen und über die Energie des Dämons wieder verfügen zu können.

Sollte man also hinschauen ? Ich denke: ja.

Meist ist es möglich, mit dem eigenen Tiefen-Ich (das man ja selbst ist) zunehmend auf eine Ebene gegenseitiger Akzeptanz und Zusammenarbeit zu kommen. Dann mindert sich das Misstrauen gegen sich selbst und die Inhalte des eigenen "Schattens". Die Angst vor dem "verrückten Verwandten im eigenen Keller" lässt nach. Man lernt, sich selbst mehr Wertschätzung entgegen zu bringen.

Aber mal angenommen, da ist in der eigenen Psyche tatsächlich ein solcher Dämon und er lässt sich - wie eine Giftschlange - nicht zähmen. Es ist wohl nicht förderlich, mit einer schwarzen Mamba im eigenen Haus so umzugehen, dass man sie aus dem eigenen Bewusstsein ausblendet und sie unkontrolliert herumwandern und agieren lässt. Sich selbst in einen Käfig zurückzuziehen, um die Mamba auszusperren, scheint mir ebenfalls nicht zweckdienlich. Besser finde ich, die Mamba zu lokalisieren, anzusehen und ihr, selbst wenn man sie nicht in ein Kuscheltier verwandeln kann, klare Grenzen zu setzen.

C) "Innerer Schweinehund"

Es ist die wohl allgemeine Erfahrung jedes Menschen, sich etwas Wichtiges vorgenommen und es dann aus im eigenen System liegenden Gründen nicht durchgehalten zu haben. Man wollte sich in einer ganz bestimmten Art und Weise verhalten (zum Beispiel mit Rauchen aufhören, eine neue Sprache lernen, Zeit mit den Kindern verbringen, dem Partner treu bleiben, Kalorien reduzieren, täglich joggen) und doch hat man etwas anderes gemacht, ist von dem eigenen Vorhaben abgewichen. Nicht selten bleibt man dann ratlos zurück, empfindet Scham und Trauer, wirft sich Versagen vor und kann sich selbst nicht verstehen. Zähneknirschend muss man denen zustimmen, die einem Vorwürfe machen.

Als scheinbare Erklärung für dieses Abweichen vom selbst gewählten Ziel wird gerne das Sprachbild verwendet, es gäbe da im eigenen Inneren einen (vom eigenen Ich getrennten) Übeltäter und Saboteur, den "inneren Schweinehund". Diesem Feind fühlt man sich unterlegen und hilflos ausgeliefert, es bleiben Enttäuschung und Resignation. Was soll man auch unternehmen gegen einen solch mächtigen, undifferenzierten und kompakten Gegner ?

Dazu möchte ich gerne eine Vorgehensweise anbieten, die sich aus dem oben beschriebenen Vektoren-Modell ableitet:

So, wie sich sämtliche in eigenen Wesenskern enthaltene mentale Faktoren unabhängig von Thema und Wirkrichtung unter einem Begriff zusammenfassen und als "Tiefen-Ich" personifizieren lassen, **so ist auch der "innere Schweinehund" die Personifizierung einer Summation. Darin stecken sämtliche im Vektoren-Modell enthaltenen Faktoren, die einem speziellen eigenen Wunsch und Vorhaben gerade <u>zuwider</u> laufen.**

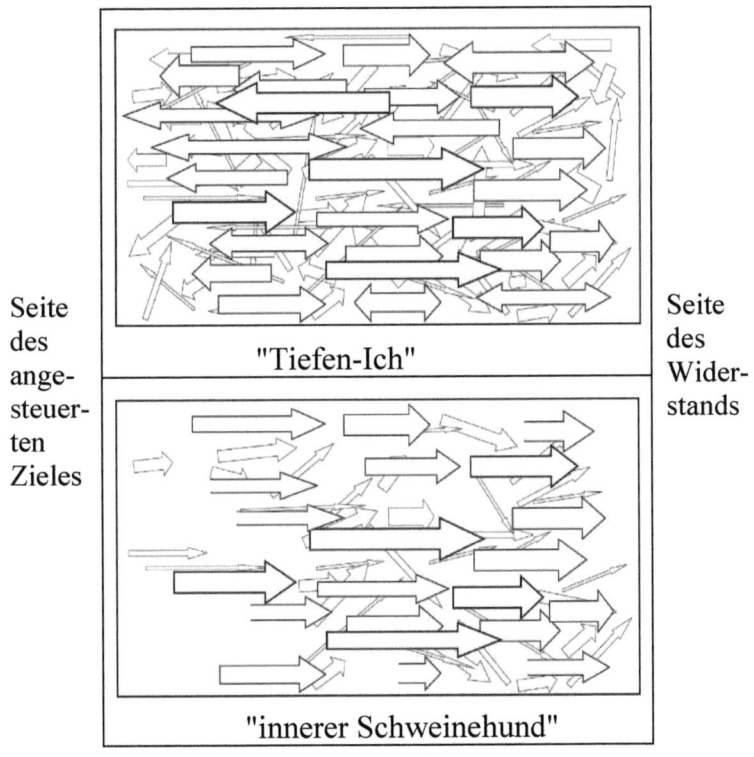

Seite des angesteuerten Zieles

"Tiefen-Ich"

Seite des Widerstands

"innerer Schweinehund"

Dieser "innere Schweinehund" ist also nicht tatsächlich "einer", sondern ein Bündel von Faktoren, die man von einander trennen und separat bearbeiten kann. Welche konkret bei einem bestimmten Menschen und Thema vorliegen, das ist individuell sehr verschieden.

Mir ist beim Umgang mit dem "inneren Schweinehund" und den zugrundeliegenden Faktoren wichtig, auf mehrere Dinge hinzuweisen:

1) Sämtliche Vektoren im Tiefen-Ich und damit auch im "inneren Schweinehund" einer bestimmten Person gehören zu diesem Individuum, sind Teil von ihm, unabhängig davon, ob der Betreffende sie bei sich mag oder nicht. Das gilt auch für diejenigen Tendenzen, die seinem gerade

herrschenden bewussten Wunsch Widerstand entgegensetzen. Was da ist, ist einfach da. Und es hilft wohl nicht, sich zu wünschen, dass Teile der eigenen Psyche inexistent seien.

Natürlich ist es üblich, dass ein Mensch Persönlichkeitsanteile in das verlagert, was man den "Schatten" nennt: den Bereich des eigenen Selbst, den man bei sich nicht sehen will und ablehnt. Man schneidet aus der Gesamtheit des Existenten einen Teil heraus, den man als Selbstbild schätzt, und schließt die Augen vor einem anderen Teil, dem man sich (aus persönlich historischen Gründen) verweigert. Im individuellen "Schatten" landen können aber sehr wichtige und positive Eigenschaften.

Wenn ein Kind in einer pazifistischen Umgebung aufwächst, dann muss es vermutlich das Zeigen von Aggression und Widerstand als Teil einer gesunden Verteidigung seiner Interessen verdrängen. Sollte es aber in einer Umgebung aufwachsen, in der das handgreifliche Einfordern eigener Vorteile zur Pflicht gemacht wird, dann muss es eventuell Empathie, Mitgefühl und Kompromissbereitschaft in den eigenen "Schatten" verlagern. Alles aber, Aggression wie Mitgefühl, ist legitimer und wichtiger Teil der eigenen Psyche.

Besser wäre es für das eigene Wohlbefinden und das soziale Miteinander, diese Spaltung zu mildern und erst einmal zu akzeptieren, dass da ist, was da ist. Das Wahrnehmen eigener Impulse und Gefühle ist allerdings strikt davon zu trennen, diese in (sich selbst oder andere) schädigende Handlungen umzusetzen.

2) Die verschiedenen Faktoren mit einer Bewertung als "Schweinehund" danach zu versehen, ob sie gerade bezüglich eines Vorhabens erwünscht oder unerwünscht sind, ist

ziemlich willkürlich und wenig hilfreich. Ändern sich nämlich die Absicht der Person und das gerade gewählte Ziel,
so kehrt sich diese Bewertung eventuell um.

Dazu als Beispiel die Entscheidung, den Urlaub entwe-
der am Meer oder in den Bergen zu verbringen. Hinsichtlich der Reise zum Meer ist alles Spielverderber, Saboteur und "innerer Schweinehund", was den Betreffenden
in die Berge zieht. Und hinsichtlich eines Urlaubs in den
Bergen ist alles Saboteur und "Schweinehund", was für
das Meer spricht.

Auch hier also wäre das Ziel, ohne Bewertung das als exis-
tent zu akzeptieren, was da ist. Erst in einem zweiten Schritt
kann man sich überlegen, was man mit dem anstellt, was
vorhanden ist.

3) Die gegen ein Ziel der Person gerichteten Faktoren in
seinem Tiefen-Ich (das heißt: der "innere Schweinehund)
sind ebenso "legitim" wie die das Ziel begünstigenden.
Teile der eigenen Psyche haben das Recht, gegen die Ziele
anderer Teile zu sein. Wer dürfte entscheiden, welche Persönlichkeitsanteile mehr "ich" sind als andere ?

Möglicherweise verbergen sich gerade in dem "Schweinehund" zentral wichtige Ansichten und lebensförderliche
Bedürfnisse der betreffenden Person, denen im Alltagsge-
schäft nicht ausreichend Rechnung getragen wird. Das können Dinge sein, die man für das eigene Wohlbefinden und
Funktionieren braucht und sich - aus welchen Gründen auch
immer - nicht freiwillig gibt.

Oft sind es Bedürfnisse des "inneren Kindes", die im tägli-
chen Leben nicht ausreichend Berücksichtigung finden. Im
Trotz und Widerstand zeigt sich - neben viel Energie - dann
der Wunsch nach Selbstbestimmung und Überleben unter

dem sozial angepassten Mäntelchen. Was oberflächlich betrachtet als für die eigenen Ziele unerwünscht erscheint, ist also eventuell für die psychische Gesundheit und das Wohlbefinden des Betreffenden notwendig.

Auch können die bewussten Wünsche und Ziele eines Menschen einseitig sein, einer äußeren Mode folgen und sich schlussendlich zum eigenen Nachteil auswirken. Zumindest können wichtige Aspekte des Lebens verloren gehen. Beispielsweise könnte jemand seine eigene Mitmenschlichkeit als Hindernis auf dem Weg zur Macht erkennen - und sich dann gegen die Mitmenschlichkeit entscheiden. Dabei wird das tief verwurzelte eigene Bedürfnis nach beruhigender sozialer Einbindung bedroht. Wenn Teile der Psyche im Dunkel des Unterbewussten dann Trotz und Widerstand dagegen aufbauen (bis hin zur Sabotage), so ist das völlig nachvollziehbar und es schützt letztlich wichtige Interessen dieses Menschen. Es gibt also möglicherweise tatsächlich bedenkenswerte Gründe, manche bewussten Wünsche zu vereiteln.

4) Da der "innere Schweinehund" Teil des je eigenen mentalen Systems ist, ermöglicht die Beschäftigung mit den Inhalten es dem Betreffenden, mehr über sich selbst und den eigenen Wesenskern zu erfahren. So gesehen kann man den "Schweinehund" für sich zu einem Lehrer in puncto Selbsterkenntnis machen. Wie sieht mein System aus ? Was ist mir so wichtig, dass ich dafür auch eigene "gute Vorsätze" zu opfern bereit bin ? Welche Nachteile hatte für mich mein altes Verhalten ? Aber auch: Welche Vorteile hatte für mich mein altes Verhalten (so dass mich diese eventuell am alten Verhalten festhalten lassen) ?

Aber auch wenn Widerstand erlaubt ist und manche Ziele, Absichten und Wünsche auf ihre Sinnhaftigkeit hinterfragt werden können, so bleibt doch die Tatsache bestehen, dass Veränderungen zur Anpassung an neue Gegebenheiten des Lebens immer wieder erforderlich sind. Wann solche Veränderungen nötig sind und wie sie gegebenenfalls aussehen sollen, darüber können nicht das Tiefen-Ich oder der "innere Schweinehund" befinden, sondern nur der "gesunde Erwachsene" im mentalen System eines konkreten Menschen.

Wie also schafft man es, einerseits neue Verhaltensweisen dauerhaft zu etablieren oder eigene Ziele zu erreichen, andererseits das Wissen des "Inneren Schweinehundes" zu berücksichtigen und Widerstände behutsam aus dem Weg zu räumen?

D) Konkretes Vorgehen

Wenn man sich eine Verhaltensänderung oder das Erreichen eines Zieles vorgenommen hat und feststellt, dass man
aus internen Gründen das zum Ziel Führende unterlässt
oder das neue Verhalten nicht beibehält - dann hat es ent-
weder grundlegend an der Ernsthaftigkeit des Vorhabens
gemangelt, oder es müssen relevante Kräfte im eigenen Inneren Widerstand leisten. Solche Kräfte lassen sich als
"fremd" und nicht zur eigenen Persönlichkeit gehörend
nach außen verweisen. Dann hat man eine Entschuldigung:
Der "Schweinehund in meinem Haus" war stärker. Selbst
wenn das vielleicht selbstwert-schonender ist, es hat den
Nachteil einer Spaltung in einerseits "ich, der willige
Schwache" und anderseits "der Andere, der übermächtige
Saboteur". Besser wäre es wohl, diese Kräfte als eigene An-
teile in Besitz zu nehmen (denn tatsächlich ist da kein "Anderer", da bin nur ich), ihnen Legitimation zuzugestehen
und dafür Verantwortung zu übernehmen.

Wie oben geschildert, sind Personifizierungen von Kräften
manchmal hilfreich. In anderen Situationen kann dieses
Vorgehen aber auch hinderlich sein. Ideal wäre, zwischen
den beiden Sichten hin und her schalten zu können wie bei
einem Vexierbild.

Bei der personifizierenden Schaffung der Gestalt des "inneren Schweinehunds" ergibt sich der Eindruck eines kompakten geschlossenen Gegners, der wenig Angriffspunkte
bietet. Diesen "Saboteur" aber zu durchschauen als Bündel
sämtlicher Faktoren, die im eigenen System dem bewussten
Vorhaben derzeit entgegen stehen, gibt Handlungsmöglichkeiten zur Verbesserung der eigenen Situation. Man kann

jeden separat ansehen und zum eigenen Gewinn gezielt darauf Einfluss nehmen.

Je nach Thema des Vorhabens (z.B. ein neues Verhalten bei sich selbst zu etablieren, wie etwa das Rauchen aufzugeben) gilt es, möglichst viele der spezifisch dafür relevanten unterstützenden wie auch widerstrebenden Faktoren zu erkennen. Nur so wird es möglich, die fördernden gezielt zu stärken und die hinderlichen nach Möglichkeit zu entkräften.

Die Stärke der fördernden Aspekte sagt etwas aus über die Validität des gewählten Zieles. Die widerstrebenden Faktoren weisen auf "das Schlechte im Guten" des angestrebten Ziels. Darin zeigen sich die Aspekte, die entschärft werden müssen, um bei dem Vorhaben Erfolg zu haben.

Zu jedem der drei Punkte - Ziele prüfen, Faktoren erkennen und Faktoren ändern - möchte ich im Folgenden etwas sagen.

1) Ziele prüfen

Wenn wir ein selbst gewähltes Vorhaben nicht erfolgreich beendet haben, dann mögen in uns gravierende unbewusste Widerstände dagegen bestanden haben. Möglicherweise aber war es für uns lediglich nicht attraktiv und verbindlich genug.

Es besteht ein wichtiger Unterschied zwischen einem Wunsch einerseits und einem Ziel andererseits. Wünsche kann man unbegrenzt und ohne Aufwand pausenlos produzieren: ich möchte gerne reich sein, ich möchte gerne gesund sein, ich möchte gerne schlank und trainiert sein, ich möchte gerne mindestens einen Studienabschluss haben und zehn Sprachen sprechen, ich möchte gern mit einem tollen Partner verheiratet sein, ich möchte geliebt und bewundert werden, ich möchte gerne Macht und Einfluss haben, ich möchte gerne hier im Paradies leben und nach dem Tod in den Himmel kommen.

Ein tatsächliches Ziel ist etwas anderes: Dafür muss ich bereit sein, das Zielführende zu tun und den mit dem Vorhaben unweigerlich verbundenen Preis zu bezahlen. Preise können dabei vielfältige Formen annehmen, so etwa Zeit, Geld, Anstrengung, Ausdauer, Stauraum, Gemeinschaft, Verzicht auf Alternativen und manches mehr. Ressourcen wie Kraft, Zeit, Geld und Platz sind begrenzt und reichen nicht für eine größere Zahl von Zielen neben einander. Wer beispielsweise in einem Studium oder Beruf (oder in einer Partnerschaft) wirklich erfolgreich sein will, der sollte nicht gleichzeitig auch noch zehn andere nebenher betreiben.

Natürlich kann man versuchen, den Gewinn mehrerer Vorhaben parallel zu erhalten, den mit jedem verbundenen Preis aber anderen Menschen aufzuhalsen. Der eine will haben und ein anderer soll dafür bezahlen. Eine solche Haltung ist für Kinder altersentsprechend, sollte aber bei Erwachsenen nicht mehr vorkommen. Außerdem gibt es manche Ressourcen (wie Lebenserfahrung), die nur schwer übertragbar sind.

Sollte ich also merken, dass ich ein selbst gewähltes Vorhaben aus inneren Gründen nicht durchhalte, dann kann ich mich fragen, ob es sich bloß um einen unverbindlichen Wunsch meinerseits handelt oder um ein Ziel, für das ich die erforderlichen Vorleistungen zu erbringen bereit bin. Wenn dieser Wunsch für mich keine Verbindlichkeit hat, dann brauche ich mich nicht zu wundern, wenn ich nicht die nötige Anstrengung aufbringe.

Das Erreichen einer Veränderung ist dann besonders attraktiv, wenn ich mich durch das Unangenehme in der gegenwärtigen Situation (das "Schlechte im Schlechten") stark beeinträchtigt fühle. Je höher ein solcher "Leidensdruck" ist, desto mehr Kräfte bin ich einzusetzen bereit.

Es erhebt sich also die Frage: Ist mir dieses Vorhaben wirklich wichtig? Wenn nein, was mache ich dann damit? Und wenn ja und ich gleichzeitig Sand im eigenen Getriebe bemerke, was dann?

Um keine ungebührliche Lebenszeit auf ein unbedeutendes Vorhaben zu vergeben, wäre es wohl sinnvoll, etwas wählerischer zu sein bei dem, was man sich vornimmt. Sonst könnte es passieren, dass man sich auf Unwichtiges im Leben konzentriert und erst auf der Bahre merkt, um was man sich statt dessen hätte kümmern sollen. Prioritäten zu setzen und bewusst auf Unwichtiges zu verzichten, macht den Kopf frei für Relevantes.

Gleichermaßen ist wichtig, Ziele darauf hin zu prüfen, ob sie "bekömmlich und realistisch" sind (Dietmar Friedmann, ILP). Ist das Erreichen des gewählten Zieles denn überhaupt im wirklichen Interesse des Betreffenden? Mancher ersteigt mit großem Aufwand eine hohe Leiter, nur um oben festzustellen, dass sie an der falschen Mauer lehnt. Und Realismus gehört natürlich dazu. Manchmal ist schon zu Beginn abzusehen, dass das Ziel nicht zu erreichen ist oder der Preis viel höher sein wird, als der Erfolg wert ist ("Pyrrhus-Sieg").

Aber nehmen wir mal an, der "gesunde Erwachsene" im eigenen psychischen System entscheidet sich für ein Vorhaben, das für den Betreffenden tatsächlich vorteilhaft ist (beispielsweise mit Rauchen aufzuhören oder abzunehmen bei erheblichem Übergewicht).

Dann wäre es gut, wenn neben dem bloßen Wunsch auch kraftvolle Faktoren des Tiefen-Ichs das unterstützen und den Summations-Vektor in die entsprechende Richtung drehen. Sollte es daran hapern, dann wäre es angebracht, sich alles anzusehen, was im eigenen mentalen System für und was gegen das Unternehmen spricht. Mit was könnte ich mir denn das Ziel attraktiver machen und meine Motivation erhöhen, um mir über Widerstände hinwegzuhelfen? Wie kann ich Faktoren schwächen, die in meinem Tiefen-Ich gegen das Projekt wirken?

Und wenn das nicht ausreicht? Dann gibt es wohl nur zwei Wege: einerseits das Vorhaben gegen die inneren Strukturen mit Gewalt durchzusetzen (auch das hat seinen Preis), oder aber anzuerkennen, dass das Ziel aus inneren Gründen derzeit nicht erreichbar ist.

Dieses Eingeständnis kann sehr schmerzhaft sein, der Betreffende ist dann eventuell von sich selbst sehr enttäuscht. Man hat sich etwas gewünscht und sich das Erreichen bereits in bunten Farben vorgestellt, aber anscheinend war die Attraktivität der Sache für die Gesamtpersönlichkeit doch nicht hoch genug, um die Nachteile und eigenen Abneigungen aufzuwiegen. Dann ist halt jetzt nicht die richtige Zeit. Es ist nicht jedes beliebige Ziel erreichbar. Wer weiß, für was das gut ist?

In einer solchen Situation scheint es mir zentral wichtig, den Kontakt zum eigenen Inneren nicht abzubrechen, sondern weiterhin zu sich zu stehen. Mit sich selbst stimmig eins zu sein, ist vermutlich wichtiger als das Erreichen mancher Ziele. Das Leben geht auch so weiter. Der Fokus sollte dann auf dem liegen, was an weiteren Möglichkeiten bleibt. Nur auf das zu schauen, was nicht mehr geht, blockiert unnötig Zufriedenheit, Kreativität und Chancen.

2) Faktoren erkennen

Angesichts des Fehlschlags eines Vorhabens (z.B. eigene Verhaltensänderung) kann die Notwendigkeit entstehen, sich über die unterstützenden wie auch behindernden Faktoren im eigenen System klar zu werden. Natürlich sind die je nach Thema und Ziel sehr unterschiedlich. Prinzipiell können sie aus allen drei Bereichen stammen, dem körperlich-biologischen, dem psychischen und dem sozialen. Wie findet man bei sich die relevanten Faktoren? Dafür gibt es wohl keinen Königsweg. Vielleicht wäre es sinnvoll, sich ein Notizbuch anzulegen und anfangs ungezielt und ohne Wertung aufzuschreiben, was einem zum Thema so in den Sinn kommt. Das können Beobachtungen und Erinnerungen sein, Gefühle, Glaubenssätze, Werte, Einstellungen und Konflikte. Bei dem Material kristallisieren sich vermutlich im weiteren Verlauf Muster heraus und schließlich wird es wohl die Form einer Liste annehmen, was an Aspekten und Faktoren bei dem Thema in beide Richtungen Einfluss nimmt.

Eine solche Liste kann die Form einer 6-Felder-Tafel haben, in der die gefundenen Aspekte ihre Gruppe finden:

	dem Ziel förderlich	*das Ziel behindernd*
körperlich		
mental		
sozial		

Beispielsweise könnte beim Thema "Rauchen beenden" die Liste ansatzweise so aussehen:

	dem Ziel förderlich	das Ziel behindernd
körperlich	Raucherhusten stört, Beeinträchtigung durch Leistungsminderung, Durchblutungsstörungen, Luftnot, COPD	Körperliche Abhängigkeit, Nervosität, Stress
mental	Angst vor Krebs, Rauchen ist teuer, "Raucher-Ecken" nerven	Gewohnheit, Rauchen verknüpft mit "erwachsen sein", "cool sein", Ausdruck von Trotz, Rauchen gehört zum eigenen Selbstbild, liebgewonnene Erinnerungen, Glaubenssätze
sozial	Partner ist evtl. Nichtraucher, Rat des Arztes, evtl. Druck der Familie, Nichtraucher-Status ist heute positiv	Rauchende Freunde, Rauchen steuert Pausen

Faktoren sind hinsichtlich ihrer Wirkstärke meist nicht gleich. Manchmal ist ein Hemmfaktor im System von zentraler Bedeutung. Dann ist speziell der anzugehen, sonst werden die Bemühungen um Verhaltensänderung den Summations-Vektor im Tiefen-Ich nicht in Richtung des gewünschten Zieles drehen können.

Auch wenn die Faktoren spezifisch vom jeweiligen Ziel abhängen, so gibt es doch manche prinzipiellen Fragen, beispielsweise die folgenden:

- Ist mein Vorhaben aus eigenem Erleben und Entscheiden hervorgegangen oder habe ich es von anderen übernommen ? Wurde es mir übergestülpt, beispielsweise als Introjekt ? Ist der Impuls in Richtung Ziel eventuell deshalb schwach, weil sich hinter dem halbherzigen "Wollen" lediglich ein "Sollen" verbirgt ? Dann regt sich eventuell in mir Trotz, zumindest hat das Vorhaben nicht die nötige Energie.

- Wie steht mein Vorhaben im Rahmen meiner sozialen Beziehungen. Was hätten meine früheren Bezugspersonen zu meinem Projekt gesagt, mein Vater, meine Mutter, meine Geschwister, meine Großeltern, meine sonstigen Verwandten, Lehrer ? Was würden meine heutigen Bezugspersonen sagen, mein Partner, meine Freunde ? Werde ich damit anerkannt oder muss ich mich eher verstecken ? Muss ich meine derzeitige Gruppe verlassen, wenn ich mit meinem Projekt Erfolg habe ? Wessen Liebe verliere ich und mit wem muss ich in Konflikt gehen, wenn ich mein Ziel ansteuere und erreiche ? Halte ich mich für lieblos und illoyal, wenn ich erfolgreicher bin als meine Nächsten?

- Sind als Sabotage-Faktor Schuldgefühle im Spiel ? Bestrafe ich mich eventuell unbewusst selbst, so dass ich mir Erfolg verweigere ? Was werfe ich mir denn vor ? Im magischen Weltbild eines Kindes können Gedanken und Wünsche (zum Beispiel jemandes Verschwinden oder Tod gewünscht zu haben) die Qualität von Handlungen bekommen. Dann versucht es möglicherweise, durch anhaltende Selbstbestrafung und Sühne eine befürchtete Katastrophe abzuwenden. Da verdrängt, bleiben solche Muster im System oft auch dann bestehen, wenn aus dem Kind mit der Zeit ein Erwachsener geworden ist.

- Bin ich mir den Erfolg denn wert ? Glaube ich, ihn zu verdienen?

- Bringt mein Projekt es mit sich, dass bestimmte Voraussetzungen zu erfüllen sind ? Was wird benötigt, um das Ziel zu erreichen ? Sollte ich dies eingangs nicht ausreichend aufbringen können (manchmal zum Beispiel Geld, Zeit, Kraft, räumliche Flexibilität, Sprachenkenntnis), dann muss ich erst überlegen, wie ich diesem Mangel abhelfen kann.

- Hat das alte Verhalten im System meiner Gesamtpersönlichkeit eine Funktion (die mein Tiefen-Ich eventuell unbedingt gesichert wissen will) ? Dann muss ich - um das Verhalten aufgeben zu können - alternative Strategien finden, die diese Funktion ebenso gut gewährleisten.

- Wie sieht es mit meiner Geduld und Ausdauer aus (neue Verhaltensweisen anzunehmen erfordert Zeit und viele Wiederholungen) ? Ist das Ziel mir diese Anstrengung wert ?

- Wie hoch ist meine Achtsamkeit ? Nur wenn ich mir gewahr bin, was ich tue, kann ich es beeinflussen. Achtsamkeit lässt sich üben.

- Bin ich bereit, eine schmerzhafte Wahrheit anzuerkennen? Oder phantasiere ich mir die Welt, wie sie mir gefällt ? Nur wenn ich auf dem Boden der Realität stehe, kann ich die Realität verändern.

- In jedem Erfolg steckt auch ein Preis, in jedem Versagen (und Beibehalten der alten Muster) steckt auch ein Vorteil. Beides, das "Schlechte im Guten" und das "Gute im Schlechten" sabotiert und untergräbt eine Motivation zum Verfolgen des Vorhabens. Was ist für mich der Preis, den ich zum Erreichen oder mit Erreichen des Ziels zu zahlen habe ? Bin ich damit einverstanden ? Wichtig ist es, sich möglichst deutlich auch das "Gute im Guten" und das "Schlechte im Schlechten" vor das innere Auge zu holen. Andernfalls trauere ich den alten Zeiten nach und es zieht mich nur zu leicht zurück.

Eine solch fragende Haltung kann also helfen, sich über relevante Punkte klar zu werden.

Zu den mehr erlebenden Wegen einer Klärung gehört die Methode der Visualisierung ("Öko-Check", "Lösungsfilm"). Da stellt man sich (ungestört und mindestens 20 Minuten lang) mit allen Sinnesqualitäten und Konsequenzen vor, das Ziel bereits vollständig erreicht zu haben. Man kann dabei fühlen und erfahren, was denn das "Gute im Guten", aber auch das "Schlechte im Guten" (Schwierigkeiten, Konflikte, Nachteile) sein wird.

3) Faktoren verändern

Wenn sich herauskristallisiert hat, welche körperlichen, psychischen und sozialen Faktoren im konkreten Fall fördernd oder hindernd relevant sind, dann ergibt sich als nächste Frage, wie diese so beeinflusst werden können, dass das Vorhaben nicht bloß ein unverbindlicher Wunsch bleibt und am Widerstand scheitert. Ressourcen gilt es zu stärken, Hindernisse nach Möglichkeit zu schwächen.

Im Spektrum der gefundenen Faktoren gibt es vermutlich solche, die schneller und leichter zu beeinflussen sind als andere. Und es gibt solche, bei denen eine Einflussnahme eine stärkere Auswirkung hinsichtlich der Zielerreichung hat. Sinnvollerweise konzentriert man sich mit den eigenen Bemühungen auf solche Faktoren, wo am leichtesten und schnellsten der größte positive Effekt zu erreichen ist.

Auf der körperlichen Seite ist die genetische Ausstattung beispielsweise nicht veränderbar, die körperliche Leistungsfähigkeit durch Übung und Training aber sehr wohl. Je nach Thema lässt sich eventuell medizinisch und medikamentös Einfluss nehmen.

Der soziale Bereich ist oft als Ressource wie auch als Hindernis bedeutsam. Die eigene Herkunftsfamilie hat man sich nicht herausgesucht, auch die eigenen Kinder führen schließlich ihr eigenes Leben. Bei Partner und eigenem Freundeskreis aber hat man schon die Wahl. Zudem kann man durch eigene Haltung und Verhaltensweisen in Maßen Einfluss nehmen auf Freundlichkeit, Hilfe und Wohlwollen anderer.

Welche sozialen Beziehungen aufzunehmen wäre für das Ziel denn förderlich, welche sollten besser verringert werden? Oder aber wie sollten sich fortgeführte Beziehungen ändern?

Wie muss ich im sozialen Feld auftreten, um mich selbst in die gewünschte Richtung zu beeinflussen? Beispielsweise hat es Einfluss auf mein Verhalten, meine Motivation und Ausdauer, ob ich meine Freunde über mein Ziel informiert habe oder nicht.

Die meisten Handlungsmöglichkeiten hat man wohl im eigenen mentalen Bereich. Das eigene Schicksal kann man nicht frei lenken, wohl aber die Art, wie man sich dazu positioniert. Ein früheres Trauma lässt sich nicht einfach ungeschehen machen. Leichter beeinflussbar sind Einstellungen (wie: "Schweres sollen andere für mich machen"), Wertungen (wie: "Das Gute bin ich nicht wert") und Glaubenssätze (wie: "Es klappt doch nicht"). Dazu kann man die auf ihren Wahrheitsgehalt hinterfragen und Alternativen dagegenhalten. Dinge "zu-ende-denken" bedeutet, etwas dadurch auf Sinnhaftigkeit zu prüfen, dass man sich vor das geistige Auge holt, was im Extremfall daraus resultieren würde. Was sind die Konsequenzen, wenn ich so weitermache wie bisher?

Quantifizieren kann sehr hilfreich sein ("Wie ist der Stellenwert einer Sache auf einer Skala von 1 bis 10?"), ebenso die Klärung von Wahrscheinlichkeiten.

Zum Beeinflussen der mentalen Faktoren im Tiefen-Ich bieten sich manche allgemeinen Wege an:

- Auf der fördernden Seite lässt sich die eigene Motivation beispielsweise dadurch steigern, dass man sich achtsam immer wieder des "Guten im Guten" und des "Schlechten im Schlechten" bewusst bleibt, also die Vorteile des neuen Verhaltens im Blick behält.

- Auf der hindernden Seite ist oft das Selbstbild ("Ich bin jemand, der/die ....") ein wichtiger Faktor, der an der Vergangenheit festhält: Jeder Mensch möchte sich gern so verhalten, dass es mit dem eigenen gewohnten Bild von sich konform geht. Zur Veränderung hilft oft, sich bewusst die Erlaubnis zu geben, ein anderer zu werden. Neue Verhaltensweisen fühlen sich erst einmal ungewohnt an. Durch Visualisierungen können damit Erfahrungen gemacht und eingeschliffen werden, so dass sie zunehmend den Charakter des "Normalen" bekommen und gegen die alten Verhaltensgewohnheiten gesetzt werden können.

Daneben gibt es natürlich Ausgestaltungen des "inneren Schweinehunds", die sehr individuell sind und daher im Einzelfall betrachtet werden müssen. Wenn das eigene zu verändernde Verhalten beispielsweise eine Trotz-Reaktion gegen Kindheits-Erfahrungen oder Übergriffigkeit anderer darstellt, dann hilft wohl nur die Aufarbeitung des eigenen Erlebens.

Manchmal verbergen sich hinter Verhaltensweisen auch ("neurotische") Kompromissbildungen, beispielsweise als Ausdruck eines ungelösten Konfliktes. Dann wird es wohl nötig sein, diesen "Knoten" aufzudröseln und so die Quelle des bisherigen Verhaltens trockenzulegen.